ねこの
名画案内

MINAMI 著

アートテラー・とに〜美

オレンジページ

MINAMI

　こんにちは！ 刺繍作家のMINAMIと申します。「ねこが名画に入り込んだら……!?」をテーマに刺繍作品を制作しています。

　皆さんは、刺繍糸が微妙な色の違いを含め2000色近くもあることをご存じでしょうか？ この膨大な刺繍糸を活かす作品作りがしたい！ と思い立ったわたしは、趣味の絵画鑑賞にヒントを得ました。当時作者が表現したいと考えた色彩や技法、歴史の宝庫である名画。筆の運びを糸の刺し方に見立ててそれを再現できれば、全く新しい形の刺繍が生まれて面白くなるぞ！ と確信したのです。ただそのまま刺繍するだけでなく物語を感じる楽しい作品にしたかったので、大好きなねこに「登場人物になりきって自由に動いてね」と大役を一任してみました。

　どの作品にも新しい驚きがあり、一針一針確かめるように刺してはやり直しの繰り返しですが、質感や色彩に合わせて様々な工夫を凝らしながら立体的な絵画を作り上げていくことに大きな達成感を感じています。細やかな糸の名画とひょうきんなねこのコントラストにクスッと笑っていただけたら嬉しいです。ぜひアートテラー・とに〜さんの面白い美術解説とあわせて楽しんでください！
　　　　　　　　　　　　　　　　MINAMI

CONTENTS
もくじ

PREFACE　まえがき ･････････････････････････ 4

PART 1　ねこの刺繍の美術館 ･････････････････ 6

PART 2　アートに溶け込むねこを探そう！･･･････ 66

PART 3　日本画にもねこ発見！ ･･････････････ 86

PART 4　Hint! をもとにアートを見つけて！ ････ 100

POSTFACE　あとがき ･････････････････････ 113

COLUMN　コラム

わたしの刺し方、
そして刺繍ができるまで ･･････････････････ 40

仕事場、そして愛用の道具たち ････････････ 98

ねこの刺繍の美術館

ヴィーナスの誕生
サンドロ・ボッティチェリ

1485年　テンペラ・画布
イタリア　ウフィツィ美術館

Tony's guidance

美しい線で描かれた、ルネッサンスを代表する絵

この華やかな絵はルネッサンスを代表する画家・ボッティチェリの名画のひとつ。メディチ家がプライベート空間で楽しむために描かれました。タイトルに「誕生」とありますが、海で生まれた直後ではなく、キプロス島に上陸したときの様子が描かれているんです。

ボッティチェリの絵は、すごく繊細で優美な線が特徴的。髪の毛や指先、服の模様が美しいですよね。

この時代、画家は本名ではなく画名で呼ばれ、ボッティチェリは「小さな樽」という意味。兄上がぽっちゃり体形だったからこう呼ばれたという説があるんです。

ヴィーニャスの誕生
2022年　3.8cm×8.9cm

MINAMI

むちむちのねこヴィーナスの誕生です!
原画のなめらかなタッチを再現するため、糸目をそろえて刺繍しました。
波の光や舞う花は、全体を刺し終えてから刺繍して立体的に。
木の幹は糸を横にわたしてつるりとした質感を、
葉は二本取り※で生い茂る様子を表現しています。
細部までこだわりぬいたこの大型作品の制作には約3週間がんばりました!
※二本取り：P40参照

モナ・リザ
レオナルド・ダ・ヴィンチ
1503〜1506年頃　油彩・ポプラ板
フランス　ルーヴル美術館

Tony's guidance

世界一有名な絵には意外なテクニックが詰まってる

世界でもっとも有名で、もっとも見られ、そして、もっともパロディ化されたのがこの「モナ・リザ」です。海外ではモデルの名前から「ラ・ジョコンド」という名のほうが通っているんですよ。

この絵の特徴のひとつは輪郭線がないこと。目元や口元を見ると、色の層を薄く塗り重ねて立体感を出していることがわかるはず。イタリア語で「ぼかした」という意味のスフマートという技法が使われています。

もうひとつの特徴は遠近を強調していること。アンバランスなほど大きく描かれた手や、背景の遠くの景色を青くぼんやり描く空気遠近法を駆使し、奥行きを感じさせています。

8

背景からぼうっと浮き上がるような
ほほえみに魅せられて

モニャ・リザ
2023年　4.3cm×3.4cm

誰もが知っている名作を再現するのはまさに緊張の連続！
ふだんまるく刺すねこの目を少し細め、あの不思議なほほえみを表現しました。
服は暗い色で刺してから明るめの色を重ね、透け感や光の輝きをプラス。
ぼんやりと霞む背景の再現に使った糸はなんと約40色です！
糸ならではの柔らかな質感が、原画のふんわりとしたタッチを表現する上で
効果的に働いていると思いませんか？

システィーナの聖母
ラファエロ・サンティ

1513〜1514年頃　油彩・画布
ドイツ　アルテ・マイスター絵画館

Tony's guidance

主役より脇役が脚光を浴びて世界のアイドルに

　ルネッサンスを代表する三大巨匠といえば、ダ・ヴィンチ、ミケランジェロ、そして聖母像で有名なラファエロが挙げられます。

　この絵の主役はもともとマリア様と幼いキリストなのに、下のほうに描かれている天使たちがすっかり有名です。20世紀の初めに、アメリカ人のとある演劇評論家が「これほど有名な天使はいない」と評して以降、キャラクター化されたり、商品化されたり。日本では某イタリアンレストランにも飾られているので、子供でも知っていますよね。

　天使たちのモデルは、パン屋の子供たちという説があります。退屈そうな表情が子供らしくてかわいいですね。

退屈と好奇心のはざまでゆれる
かわいいねこ天使たち

システィーナにねこ天使!?
2023年　2.5cm×5.3cm

なんとなく退屈そうで、でも少し好奇心があるような天使たち……。
この表情が気ままなねこの姿とマッチしそうと思ってトライしました。
背景の雲は流れる方向を上・下・平行と分割し、
一定方向に刺すことでなめらかに見えるように工夫しています。
意外にも色鮮やかだったのが羽！　ここだけで約30色使用しました。
左のねこは原画の天使の髪色を意識し、艶のあるハチワレになっていますよ。

アルノルフィーニ
夫妻像

ヤン・ファン・エイク

1434年　油彩・オークパネル
イギリス　ナショナル・ギャラリー

Tony's guidance

細部に目を凝らすといろんな仕掛けを発見

ヤン・ファン・エイクは美術史上はじめて油彩の技法を使った、いわば油彩の元祖。フランドル地方で活躍した画家です。

この絵はけっこう謎解き要素が多いんです。この2人は新婚さん。女性のおなかがふくらんでいますが、できちゃった婚ではなくこれは当時のファッションです。窓の風景に木が見えるからここは2階にあたるとか、犬は忠誠の証なので忠誠人の象徴とか、いろいろ解釈したくなる要素満載です。

とくに奥の壁の鏡にご注目を。新婚の2人以外にもう2人映っています。これは結婚の保証人で、うち1人が画家本人です。目を凝らして探してみてくださいね。

静かに寄り添うねこ夫妻の姿は、
原画より幸せそう!?

アルノルフィーニャ
夫妻像

2022年　5cm×4cm

肉球に肉球をぷにっと取り合って、ついにねこたちが結婚です!
原画の衣装はグラデーションが見事。質感はマットな印象なので、
艶を出さないようにハイライトはあまり入れず、影が強くなりすぎないよう、
必ず衣服のカラーを一段濃くした色と黒を交ぜて刺しています。
アクセントになるアクセサリーには金糸や銀糸を用いて豪華に。
特徴的な女性の髪形は、そのままねこの耳として表現してみましたよ。

陽気な酒飲み
フランス・ハルス

1628〜1630年　油彩・画布
オランダ　アムステルダム国立美術館

Tony's guidance

はじめての笑顔の絵には別の意味が隠されて

フランス・ハルスは美術史上、はじめて笑顔を描いた画家といわれています。

それまではキリスト教の影響もあり、禁欲的な生活をしていたので、あくまでフォーマルな表情が主流。当然、笑っている顔の肖像画はないわけです。そういう意味で

は当時、画期的だったといえます。

今ではほどほどに酔っぱらった楽しげな絵としてポジティブに受け取られていますが、当時の時代背景からすると、この絵が本当に意味するところは「酒の飲みすぎはあかんよ」という戒め。なんだか酔いも醒めませんか？

酔っぱらいおじさんねこは、
赤いほっぺがチャームポイント!

陽気な酒飲みねこ
2023年　3.8㎝×3.5㎝

より多彩な感情を表現してみたいと考え、それまでの絵画にはあまり見られない
自由で気さくな表情のこの原画を選びました。
耳や肉球にいつもより濃いピンク色を使って酔っている感じを出し、
少しカクカクと直線的に見えるように刺して、原画の力強いタッチを再現しています。
一緒に飲まない?　と誘っているような
楽しく生き生きとした表情になったと思いませんか?

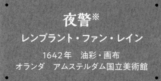

夜警※
レンブラント・ファン・レイン
1642年　油彩・画布
オランダ　アムステルダム国立美術館

※正式名称
フランス・バニング・コック隊長と
ウィレム・ファン・ライテンブルフ
副隊長の市民隊

集合写真ならぬ絵画のはずだったのに……

光と影をドラマチックに描き出すバロック芸術の巨匠の作品。通称は「夜警」ですが、じつは夜の情景ではありません。表面のニスが経年で変色したため、いつの頃からか「夜警」と呼ばれるようになりました。

肖像画を描いてもらうにはお金がかかりますが、みんなで割ればこわくない、とばかりに集団肖像画で依頼したはいいけれど、できてみたら隊長と副隊長が特別扱い。しかもレンブラントの妻・サスキアをモデルにしたと思われる少女まで登場しているのでほかのメンバーからの評判はすこぶる悪かったそう。

最終的に主役級の2人は多めに支払ったとか。割り勘じゃ、ちょっと厳しいですよね。

隊長と副隊長をクローズアップ。衣装のディテールにご注目！

ねこの夜警
2022年 3.4cm×5.2cm

あたりが暗いので「夜警」と呼ばれますが、じつは昼の情景を描いている原画。
黒にブラウンやカーキ色でハイライトを、白にブラウンやグリーンで
影を入れるなど、衣装の陰影を工夫して、隊長・副隊長ねこ2匹だけでも
レンブラントの原画の光と影の技法を感じられるようにしています。
黒い衣装は白ねこ、明るい衣装は黒ねこにと、ねこと衣装の組み合わせでも
光と影の対比を自分なりに表現してみました。

眠る女
ヨハネス・フェルメール
1657年頃　油彩・画布
アメリカ　メトロポリタン美術館

Tony's guidance

いつの時代も失恋はつらいもの

　光の表現が多いフェルメール作品のなかで、光源が少なくて暗い、ちょっと珍しい絵です。

　モデルはこの家の使用人とされてきましたが、目を凝らすと女性の首元にはネックレスが、耳にはイヤリングが光っていますよね。なので、近年はこの家の住人なのではという説が有力に。

　ではなぜうたたねしているのか。テーブルにはボトルや果物があり、お酒を飲んだと推測できること、後ろの壁の絵で、キューピッドがお面を踏む様子が描かれていることから、この婦人が失恋してヤケ酒をあおって寝落ちしたのではないかという説も。悲しい恋愛の様子が伝わってきますね。

うたたねする様子はねこにも
平穏なひとときをもたらします

眠るねこ
2022年　3.6cm×3.3cm

フェルメールがよく描く光に満ちた部屋とは対照的に、薄暗い部屋が印象的な原画。
このねこは何かを考えているうちに居眠りしてしまったよう。
椅子の装飾やねこのイヤリングに金糸や銀糸を使い、
暗い雰囲気の中にもきらりと光る要素を盛り込みました。
こういった細部のこだわりが作品を引き締めることにつながります。
原画の特徴のある髪形はハチワレさんの模様になりましたよ。

牛乳を注ぐ女
ヨハネス・フェルメール
1660年頃　油彩・画布
オランダ　アムステルダム国立美術館

Tony's guidance

光、そして注がれるミルクまで臨場感たっぷり

　がっしりした肉体はまさにザ・ミルクメイド。寒い朝、器に牛乳を注いでいます。作っているのはパンプディング？　器のまわりに置かれたパンは相当硬そうですので、これをやわらかくして朝ごはんにするのでしょう。

　ちょろちょろ注がれているミルクの真っ白い色がことさら目立ちますが、絵の中にはほかにも陶器やパンなど

に無数の白い点が描かれています。これらの点は「ポワンティエ」と呼ばれ、窓からさす光を表現したもの。

　また、割れた窓ガラスや壁に掛けられたバスケット、足元の足熱器など、写実性も特徴的なこの絵、見える景色を正確に映し出すカメラオブスキュラという光学装置でトレースして描かれています。

朝のしごとにいそしむねこ。
たっぷり注がれる牛乳がおいしそう

牛乳を注ぐねこ
2022年　4.1cm×3.5cm

MINAMI

世界でも有名なモチーフのひとつ、注がれる牛乳は、
実際に糸を飛び出させて躍動感を演出。
この作品はわたしが初めて取り組んだフェルメール作品です。
繊細な陰影や美しい青を表現するためにとても苦労しました。
同じ青でも袖とスカートではそれぞれ5色くらいずつ違う青を重ねています。
頭巾はゴワッとした質感を出すため、やや粗く刺していますよ。

水差しを持つ女
ヨハネス・フェルメール
1662年頃　油彩・画布
アメリカ　メトロポリタン美術館

Tony's guidance

解釈によって意外な意味合いが見えてくる

じつはこの絵はけっこうな「におわせ絵画」といえるんです。まず、水差しとか洗面器のモチーフが意味するのは、一般的に、純潔とか節制などの禁欲性といわれています。そこから水を注ぐ、つまり水を捨てるという行為は純潔を捨てるという解釈が成り立ちます。

さらにポイントになるのが、女性の後ろの壁にある地図のタペストリー。その下のタペストリーの棒の先が女性に向けて突き刺すように描かれていますよね？　これは処女性を奪うという意味合いがあるとする説も。清楚に見えて、意外と俗っぽさも秘めた絵なんです。

水差しを持つねこ

2022年　5cm×4cm

MINAMI

朝からごはんを催促するねこならぬ、朝から働くねこシリーズですね。
原画を初めて見たとき、その静謐な雰囲気に一目で惹きつけられました。
光に目を細めるねこの表情、壁への反射、光が透ける窓、それらすべてが
静かな「光」を表現する重要なピースだと意識して刺繍しました。
ガラスや頭巾の薄い質感を表現するため、
あえて糸を重ねず、最小限の色だけをピンポイントで刺しています。

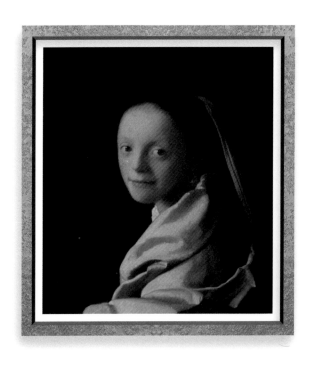

少女
ヨハネス・フェルメール
1665〜1667年 油彩・画布
アメリカ メトロポリタン美術館

Tony's guidance

来日が待たれるフェルメールの少女

不特定の人物のバストアップを描いた絵画を「トローニー」といいます。この絵はトローニーとして紹介されていますが、自身の娘をモデルに描いたという説もあります。なお、フェルメールは十数人の子供がいたとか。今でいえばビッグダディですね。

日本でもっとも有名な《真珠の耳飾りの少女》と構図

も似ていて背景も暗いという共通点があり、色味は少し地味ですが対になる作品といえます。

ただこの少女、じつは来日していないんですね。フェルメールの真作は三十数点あり、うち28点が来日しているんです。彼女はいったいいつ来日してくれるのでしょうか。

少女ねこ
2022年　3.5cm×3.3cm

MINAMI

原画の絶妙な布の陰影や質感が本当に難しく、何度も何度も
糸を切って取ってはやり直し。しまいに布が破れてボロボロに……。
しばらく他の作品を作りながら陰影の表現について学び、満を持して再挑戦。
少し色を入れては隣の色との相性でほどいたり進めたりの繰り返し。
地道なやり方ですが、やわらかな光とともに浮かび上がる少女の様子が
よく表現できた思い出深い作品です。耳飾りには本物の真珠が輝いていますよ。

手紙を書く女
ヨハネス・フェルメール

1665年頃　油彩・画布
アメリカ
ナショナル・ギャラリー・
オブ・アート

恋の告白の常套手段はやっぱり手紙でした

　この時代、郵便制度が発達して手紙が身近になりました。つまり、手紙を書くのは当時の最新トレンド。この手紙を書いている少女も、今でいえば、インスタ女子みたいなものでしょうか。

　そして手紙といえば恋文。好きな人に手紙でも書いているんでしょう。着ているガウンはおそらくフェルメールの家に実際にあったものを描いているようで、作品に何度か出てきます。おでこをいっぱいに出して生き生きとした表情でこちらを見つめています。若者文化を取り込んだ、トレンディドラマのような作品ともいえますね。

アイドルなみの愛らしさで
したためるのはラブレター？

手紙を書くねこ
2022年　4.3cm×3.5cm

MINAMI

原画のかわいらしい表情がとても印象的だったので、
いつもよりねこの顔を少し小さく、目を大きくデザインしました。
サテン糸や銀糸で華やかさを出し、毛皮や服の密度や厚みは糸を厚めに刺すなど
随所に工夫を凝らしています。たとえば原画のデスク上のネックレスのパールは
黄味がかった白と純白を交互に刺して光沢を出す、などもそのひとつ。
ディテールへのこだわりにも注目してみてください。

真珠の耳飾りの少女
ヨハネス・フェルメール
1665年頃　油彩・画布
オランダ　マウリッツハイス美術館

Tony's guidance

ものいいたげな瞳と唇にキュンキュンします

フェルメールといえばこの絵。でもじつは1984年に初来日したときはその他大勢のうちの1枚で、話題にはなりませんでした。2000年のフェルメール展から人気が爆発して今に至ります。

ターバンの青はラピスラズリという、当時純金以上に高価だった鉱物から作られたウルトラマリンブルーとい

う顔料が使われています。この青はフェルメールの大のお気に入り。青を際立たせるために、補色の黄色を使っています。

なぜこの絵がこれほど人気なのか？　その理由は半開きの唇にあるような。これが閉じているといないとでは、印象が大違い。ものいいたげな様子に心ひかれませんか？

耳元に輝くのは本物の真珠。
ねこもころなしかうれしそう

真珠の耳飾りのねこ
2022年　3.8cm×3.4cm

日本でももっとも人気のある絵画のうちの一つともいえるこの原画。
印象的なターバンだけで15色ほどの刺繍糸を使っているんですよ。
もっとも光を感じるターバンの前面や頭頂部は、ほかより厚めに刺してから
サテン糸のハイライトを入れ、視覚的にも物理的にも光を強調。
コントラストが強まり、暗がりに浮かび上がる様子が再現できたと思います。
耳飾りは本物の真珠にこだわっています。

赤い帽子の女
ヨハネス・フェルメール？
1666年頃　油彩・板
アメリカ
ナショナル・ギャラリー・
オブ・アート

Tony's guidance

本当にフェルメールが描いたかどうかは謎

　研究者によってはフェルメールの真作ではないという説もある絵です。というのは、まずフェルメールの絵の繊細さが欠けていること、ほかの作品がキャンバスに描かれているのに比べ、これは板に描かれていることなどが理由として挙げられます。

　女性の手前に描かれた椅子の背の獅子の模様がそっぽを向いているのも妙。本来、座っている女性のほうを向いているのが自然。座面があるのは手前側のはずが、女性は向こう側に座っています。赤い帽子のフェルトの毛羽立った様子も、フェルメールのタッチとしては異質。ただ、光の当たり方と背景の描き方はフェルメールっぽくもあり。

赤い帽子がおしゃれのアクセント。
ふわふわ感を追求

赤い帽子のねこ
2022年　3.4cm×3.6cm

MINAMI

小さいサイズながら、衣服の青と帽子の赤が引き立て合う原画。
帽子の中央は流れるように長めのステッチで、
両脇はふわっと見えるように短いステッチで刺し、
柔らかな毛の質感を出しています。
鮮やかな色から暗い色調まで、あらゆるトーンの赤を使っていますが、
なめらかで美しいグラデーションに仕上げることにこだわりました。

ルイ14世の肖像
イアサント・リゴー

1701年　油彩・画布
フランス　ルーヴル美術館

Tony's guidance　妙に小さい頭には秘密がありました

　イアサント・リゴーは肖像画の名手とされた画家。自身をブランディングするため、彼に肖像画を発注した人が多かったようです。

　このルイ14世、じつはかなり盛られています。モデルになったのは60代のはずですが、だいぶ若々しい雰囲気ですよね。またルイ14世は割と小柄だったようで

すが、この絵では身長が高く威厳があるように修正（？）されています。足を長く見せるために、ハイヒールも履かせていますしね。

　じつはこの絵、首から下は別の人をモデルにしたといわれています。忙しい王様の首から上の部分だけを描き、合体させたのです。顔はめパネルのように。

ねこ王家に代々伝わる紋章、あなたはみつけられますか？

ネコ14世の肖像
2023年　5.3cm×6cm

堂々とした威厳のあるねこになったと思いませんか？
たくしあげた毛皮は20色を隙間なく刺して密度の高さと柔らかさを表現。
タイツは足の向きに沿ってきめ細かに、靴は履き皺まで意識して平行な糸目に。
青いベロア生地はまず明るい色を刺し、それを削るように影や他の色を入れて、
流れるように繊細な光沢を出しています。糸で重厚感も軽やかさも
演出できることを証明できた作品。マントの柄にもご注目ください！

薔薇を持つ
マリー・アントワネット

エリザベート＝ルイーズ・
ヴィジェ＝ルブラン

1783年　油彩・画布
フランス　ヴェルサイユ宮殿

Tony's guidance

信頼を勝ち得たからこそのやわらかい笑顔が美しい

　マリー・アントワネットの肖像画はいろいろありますが、そのほぼすべてを描いているのがこのエリザベート＝ルイーズ・ヴィジェ＝ルブランです。この人は女性をかわいらしく描く天才。40代の人でも20代に見えるくらいの加工力があったため大人気で、描いた女性の肖像画は数百点にものぼります。

　彼女はマリー・アントワネットと同い年。この絵のほかにも、シュミーズ姿の肖像画も描いていることから、とても親しくしていたと推察されます。いわゆる宮廷画家が描いた肖像画絵とは異なり、とても親しげでやさしげに見えませんか？　マリーのルブランへの信頼感が表れていますよね。

薔薇との美の競演に挑む
美しくも強気なマリーねこです

**薔薇を持つ
マリー・ニャントワネット**

2022年　4.9cm×3.7cm

MINAMI

青のグラデーションが特徴的なこの作品。髪の毛一つとっても
色合わせにとても時間がかかり、ここだけで計12色使用しているのです。
なんといってもマリー・ニャントワネットですから華やかに。
縁取りのビーズも本物の真珠で彩りを添えてみました。
レースの透明感やみずみずしいサテンの輝き、羽根の軽やかさにもご注目を。
各所にサテン糸を使い、なめらかな光の質感をより効果的に演出しました。

ぶらんこ
ジャン＝オノレ・フラゴナール
1767年頃　油彩・画布
イギリス　ウォレス・コレクション

Tony's guidance

2人の男性を手玉にとって楽しそう

「アナと雪の女王」にも登場したことから話題になったこの絵。華やかで色も美しく繊細なロココ様式の代表作の一つです。

男性的な王の時代から、女性的な貴族の時代への変化を背景に、それまであまり描かれなかった男女の恋愛や心情が描かれるようになりました。

絵には楽しげにぶらんこを漕ぐ女性と2人の男性が描かれています。足元にいるのは若い愛人。スカートのなかを覗いていることから、性的な関係であるとわかります。後ろでぶらんこを押しているのが夫。一見無邪気なシーンに見えますが、不倫ドラマのような、アブノーマルで背徳的な絵なのです。

ちゃんとねこ仕様の
小さなお靴も飛ばしていますよ～

ぶらんことねこ

2022年　5.2cm×4.3cm

夫も愛人も何のしがらみもなく自由気ままにぶらんこを漕いでいる、
そんな天真爛漫さをねこで表現しました。ドレスのフリルは二本取りで厚みを出し、
レースは一本取りで軽やかに。サテン糸で輝きをプラスしています。
生い茂る植物は二本取りのフレンチノットステッチ※をちりばめ、
立体的なボリューム感を。ロープは糸を平行に隙間なく重ねて質感を出しました。
ふんわりとしたタッチの中にもメリハリの利いた作品に。

※フレンチノットステッチ：針に糸をまいて小さな結び玉をつくるステッチ

オフィーリア
ジョン・エヴァレット・ミレイ
1851〜1852年　油彩・画布
イギリス　テート・ブリテン美術館

Tony's guidance

絵心を刺激するシーンを繊細に描いています

オフィーリアは言わずと知れたシェイクスピアの戯曲「ハムレット」の登場人物。当時はさかんに文学をモチーフにした絵が描かれていました。精神を病んだオフィーリアが溺れるシーンはしばしば画題になっています。この絵のオフィーリアは珍しく、川で流されながら歌を歌っていたり、周囲にも花が咲いているなど、美しく映

像映えする演出がなされていて、シアター的な印象を感じさせますね。

ちなみにミレイはこの絵を描く際に、モデルの女性を何度も冷水のバスタブにつからせたとか。それが原因で彼女が肺炎になり、その父親から訴えられて裁判沙汰になったそうです。

のんびり
水に身をゆだねるねこに
悲壮感はありません

オフィーリニャ
2023年　4.3cm×5.1cm

時間と覚悟が必要な作品でした。使用した刺繍糸の色数もこれまでで最多！
なかには糸を重ねに重ね、0.5ミリの点にしか見えなくなった色もありますが、
たとえほんのわずかでも必要な色と感じれば欠かさないというこだわりが
完成度を左右すると信じています。ここまで描き込みが複雑な絵画は
詳細に下描きをしても布に写せないので、おおまかに配置だけを決めて
細かいところは原画の画像を見ながらフリーハンドで刺繍していきます。

わたしの刺し方、 そして刺繍ができるまで

表情が決まるとパッと作品が動きだすので、どの作品も必ず顔から作ります。歪みなど修正したいところには印をつけておきます。

シートに下描きして布に接着し、枠で固定します。細部の写しきれないところはだいたいの形や位置がわかるように描いておき、フリーハンドで刺繍していきます。

刺繍用語には一本取り、二本取り、三本取り……というものがあり、これは針に糸を何本通して刺していくか、ということを表しています。わたしはいつも針に1本糸を通して刺していく「一本取り」をして、何層にも色を重ねていく手法をとっていますが、この方法をとる理由はいくつかあります。

まず、全体的なバランスを見つつ色の足し引きを少しずつ調整しながら刺すことによって、絵の具を重ねたり、混ぜたり、ぼかしたりしたときのような効果をより緻密に再現するためです。また一気に数本取りで刺していくとそれだけ作品が分厚くなってしまい、後から必要な色

衣装や持ち物に取り掛かります。
糸で直線を表現することが一番難
しいと感じているので、とくに笛
を慎重に刺繍していきます。

絵の具の掠れや細かな陰影も一つ
一つ表現します。上着は黒色であ
まり見えないところですが、きち
んと骨格を意識して刺繍します。

金属の質感を表す光沢が入りまし
た。パンツは布の盛り上がりや皺
を意識し、陰影だけでなく実際の
糸の厚みも変えていきます。

を重ねられなくなってしまうということ
もあります。さらに作者の筆の運びを忠
実に再現するには、狙った場所に向きや
長さを見極めながら一本一本刺していく
ことが極めて重要なことも挙げられます。
　必要な色があれば何十色分、何百色分
でもその都度針に糸を通して刺していく
ので、制作にはとても時間がかかります。
完成するまでには大型の作品で約3週間、
小型の作品でも3日〜1週間を要します。
ようやく刺し終わったときには疲労と達
成感でいっぱいなのですが、またすぐに
次の作品を作りたい！　という気持ちが
わきあがってきてしまい、結局絶えず刺
繍し続けています。

完成！

右足のパンツも同様に刺繍。背景
がある場合はねこを刺繍し終えた
後に取り掛かります。最後に下描
きを水に溶かし、乾かした後に周
りの布をカットします。

笛を吹く少年
エドゥアール・マネ

1866年　油彩・画布
フランス　オルセー美術館

Tony's guidance

あどけない少年に目がいく仕掛けが秀逸

　マネといえば《草上の昼食》や《オランピア》で裸婦を描いたことで有名。当時は一般女性のヌードの絵などご法度の時代。不道徳な絵ということで、大バッシングを受けます。今でいえば大炎上。それにショックを受け、スペインに傷心旅行に出かけます。そこでマネが出会ったのが彼より約200年も前に活躍していた巨匠ベラス

ケスの道化師の絵でした。マネはベラスケスを「画家の中の画家」と評しています。

　その道化師の絵に感化されて描いたのが「笛を吹く少年」です。少年の背景はベラスケスの作品同様に、ワントーンでシンプルに描かれており、モデルにしか目がいかないよう工夫されています。

少年からねこへ。
小道具もキュッとミニマム化しています

笛を吹くねこ
2023年　5cm×2.5cm

はっきりとした赤・黒・黄のコンビネーションが心に刺さる原画ですが、
ディテールの色の濃淡はじつは複雑。笛やボタンはゴールドに緑を、
バンドや靴下の白に緑や青系グレーで陰影を、と随所に深みを出す工夫が。
パンツも7色使ってゆったりしたシルエットと流れるような質感を表現しました。
きまじめそうな少年のイメージから、白黒くっきりのハチワレねこに。
半分は帽子で隠れていますけれどね。

種まく人
ジャン=フランソワ・ミレー

1850年　油彩・画布
アメリカ　ボストン美術館

Tony's guidance

パリから移り住んだバルビゾンで新たな境地に

農民をよく描いたことから「農民画家」と呼ばれるミレー。若い頃はパリで裸体画なども描いていましたが、コレラが流行した際に、パリから60キロほど離れたバルビゾンに活動拠点を移します。

農家の出だったミレーは農民の生活をリアルに描きましたが、ブルジョワ主義がもてはやされた当時のフラン

スで労働は礼賛されず、ミレーの絵は農村の貧困ぶりをさらすとあまり評価されませんでした。そのため、ミレーの名品は本国フランスだけでなく、労働の価値を認めるアメリカや日本にも多く所蔵されています。ただ最近、フランスでも評価が高まり、逆輸入の形でミレーブームが起きています。

力強く躍動的に。
ねこの農夫もたくましいんですよ~

種まくねこ
2021年　4.8cm×4cm

肉球に握った種を手慣れた様子でパッパッとまいていくねこ。
たくましさや力強さはいつもより糸を多く使い、分厚く重ねて表現しました。
腕やブーツもボリュームを出したので、今にも飛び出しそうな勢いがありませんか。
種もフレンチノットステッチでぽっこりと立体的に。
そして背景のグラデーションにもご注目を。原画にはない表情もつけてみましたが、
わたしがいつも刺繍するねこたちよりも、いくぶん寡黙そうです。

すみれの花束をつけた
ベルト・モリゾ

エドゥアール・マネ

1872年　油彩・画布
フランス　オルセー美術館

Tony's guidance

モデルとしても画家としても一流の女性

　印象派の肖像画の傑作の一つに数えられる作品。モデルになっているのは、ベルト・モリゾ。マネとは10歳くらい年が離れている弟子のような妹分のような存在です。当時は女流画家が出てきた時代でモリゾは姉と2人で画家を目指していましたが、姉はやがて筆を折り、妹のモリゾは印象派の女流画家として台頭します。画家と

しても多くの名品を残しました。

　マネはモリゾをモデルに多くの絵を描き、影響を与えたとされています。2人の関係性はさだかではありませんが、この絵の胸元のすみれの花は、「秘めた恋」の暗示とも。ちなみに、モリゾはのちにマネの弟と結婚しています。

語りかけるような強いまなざしから
目が離せない

すみれの花束をつけた
ベルト・ニャリゾ
2022年　3.7cm×3.2cm

原画のベルト・モリゾの服の黒には、よく見ると絶妙に色合いに違いがあります。
まず黒で全面を刺繍し、緑・青・灰・茶などニュアンスとなる彩度の低い色を
5色ほど重ね、もう一度黒を刺して、複雑な黒の濃淡や深みを出してみました。
胸元のすみれの花にも7色を使用し、ぽっと輝いて見えるように工夫しています。
どんな小さなモチーフにも手を抜かないことが、
表現の幅を広げる上ではとても大切だと感じています。

散歩、日傘をさす女性
クロード・モネ
1875年　油彩・画布
アメリカ
ナショナル・ギャラリー・オブ・アート

モネの最初の妻への複雑な感情が見え隠れ

　描かれているのは、モネの最初の妻・カミーユと息子ジャンです。基本的にどの解説書でも「日常の一こまを描いた家族への愛情あふれる絵画」的な解釈で紹介されていますが、果たしてそうなのでしょうか?

　カミーユは若くしてモネのモデルとなり、のちに結婚します。しかし、モネは自身のパトロンの死後、その妻アリスと子供たちを引き取り彼女と怪しい関係に。カミーユはその心労もあって若くして亡くなります。この絵と同様にローアングルで描かれている習作は、モネが土下座の気持ちで描いているからなのでは?

　なお、カミーユの死から十余年後、モネはアリスと再婚しました。

ねこに表情を加えたことで
絵の雰囲気が明るく変化

散歩、日傘のねこ
2022年　5.1cm×4cm

戸外のねこ習作（左向き）
2022年　5.2cm×3.9cm

光さす草原にたたずむ2匹のねこ。
モネ独特の色調表現に驚嘆しつつ刺繍しました。
風の流れが見てとれるよう、
雲の動きはおおまかな方向だけ決めてラフに刺します。
空や植物が反射したかに見える服には、
ピンクや紫、黄や青など多くの色を使っているので
ぜひ注目してくださいね。
草原に落ちる影にも青や紫など様々な色が混ざっていて、
糸の質感がもつ柔らかさが原作のタッチと
よくマッチしていると思います。

原画の人物の顔はベールで隠れて
いますが、あえて表情を刺しています。
他の名画に用いられないような色が新
鮮で、カラーコンビネーションを楽し
みました。当初、草一本一本を忠実に
再現するつもりでしたが、風が草原を
流れる様子は、ランダムに刺してこそ
自然に表現できることを実感しました。

エトワール
エドガー・ドガ

1876年頃　パステル・紙
フランス　オルセー美術館

Tony's guidance

舞台裏は美しいだけじゃないようです

　印象派は戸外で制作することが多かったのですが、ド
ガは体質的に外の光が苦手だったため、主に室内の人工
照明で描いた画家です。

　この絵は一見、華やかなバレリーナの舞台を描いてい
るようですが、当時バレリーナは身分が低く、社会の中
では娼婦と似た立ち位置。「エトワール」つまりプリマ

ドンナになるにはパトロンの存在が不可欠でした。ほら、
舞台袖に黒い服の人影がありますよね。

　つまりエトワールとパトロンという、双方需要と供給
の関係性が成り立っているわけです。そんな社会の暗い
側面も包み隠さずジャーナリスティックに描き出すのが
ドガの絵の特徴です。

エトワールねこ
2022年　5.4cm×4cm

天地約5センチの中で原画の遠近感を出すため、主役と背後の脇役のねこの
大小のメリハリをつけています。チュチュには白に青・紫・グレー・緑など
計17色を使いましたが、これも軽やかさを出すための最小限の色数です。
光が当たっている腰にはサテン糸でハイライトを繊細に表現しました。
エトワールねこと脇役、そしてパトロンねこの存在が、
コミカルさの中に少し不穏な雰囲気も醸し出しています。

イレーヌ・カーン・
ダンヴェール嬢
ピエール＝オーギュスト・
ルノワール

1880年　油彩・画布
スイス　チューリヒ美術館

Tony's guidance

世紀の美少女がたどった長い道のり

　某喫茶室にもよく飾ってある美しい少女の絵。サロンでやっと評価があがってきたルノワールに銀行家のダンヴェール家から3人の娘の肖像画を描いてほしいという注文が入りました。

　手始めに描いたのは、当時8歳の長女・イレーヌ。かわいく描かれた少女の姿は評判を呼びますが、当の銀行

家は気に入らず、次女と三女の分は2人まとめて描くことになったうえ、報酬も下げられ残念な結果に。

　その後、イレーヌも絵もそれぞれ数奇な運命をたどりましたが、彼女が高齢になったとき、絵も巡り巡って再び彼女の手元に戻ってきたそうです。壮大な伏線が回収されました。

世界一の美少女の誉れは
そのままねこに受け継がれています

イレーヌ・ニャーン・
ニャンヴェール嬢

2022年　4.4cm×3.8cm

MINAMI

可憐で気品のある表情がとても印象的なこの作品。
今までより原作に近づけてねこの顔を刺繍しています。
ポイントは伏し目がちでもきらめく瞳。めずらしくハイライトを入れました。
ゴージャスで美しいヘアスタイルは5色の糸を短いステッチで
一本一本刺し重ね、ふわふわとしたボリュームを出しています。
ドレスはところどころサテン糸を使用。布の輝きが見てとれますか？

グランド・ジャット島の
日曜日の午後

ジョルジュ・スーラ

1884～1886年　油彩・画布
アメリカ　シカゴ美術館

Tony's guidance

点描にこだわって生まれた独特の世界

光の三原色（赤・緑・青）は混ぜれば混ぜるほど白に
なりますが、色の三原色（赤・黄・青）は反対に黒に近
づきます。光を絵の具で再現するにはどうしたら良い
か？　そこで、スーラは原色をあえて混ぜずにキャンバ
スに小さな色の点を打つような手法で描きました。近づ
いて見れば無数の点ですが、離れて見れば、視覚から
入った色が脳内で混ざって明るく感じられるはずです。

ところが、この絵を最初に発表した際のスペースがそ
う広くはなかったそうで。鑑賞者は十分な距離で見るこ
とができなかったというずっこけた結末に。

点描へのこだわりを刺繍にも。
絵の具と糸の意外な共通点を発見

グランド・ニャット島の
日曜日の午後
2022年　5cm×3.4cm

MINAMI

かの有名な点描法で描かれた作品。もちろんわたしも原作にならい一つ一つ
点で刺繍していきました。触るとポコポコしていますよ。
原色と補色を組み合わせた点を打って、見せたい色を表現するスーラの手法に、
絵の具のように薄めたり混ぜたりできない「糸」での混色をしていく上で
とても共感できました。原作で手前の2人は遠くを見つめていますが、
このねこはいたずらっぽくこちらを見ていますね。

じゃがいもを食べる人々
フィンセント・ファン・ゴッホ
1885年　油彩・画布
オランダ　ゴッホ美術館

Tony's guidance

オランダ時代のいわばゴッホ「エピソードゼロ」

　ゴッホが画家になったのは27歳のときですが、もともと宣教師になりたいと思っていたくらい、当時は禁欲的で労働を礼賛していました。そのため、農民画家・ミレーにも強い憧れをもち、自分も農民のリアルな姿を描きたいと思っていました。

　この作品は、育てたじゃがいもをほおばる農民の姿を、リアルに表現した会心の一枚と自負していたものの、友人は「暗い絵」と一刀両断に。その友人とは論争になり、絶縁するまでに。まさにゴッホの陰キャ時代の代表作なのです。

　その後ゴッホは弟テオのいるパリへ渡り、印象派の影響を受けて明るい絵を描くように変化するのです。

じゃがいもはいつでも、誰のお腹をも
満たす最大の味方

じゃがいもを食べるねこたち

2022年　3.7cm×14cm

原画は大半がグリーン系のグラデーションで描かれていますが、
色数が少なくてもここまで奥行きが表現できるものかと学ばせてもらいました。
影の表現に黒を使うと印象が強くなりすぎるため、あまり使わなかったのですが、
明暗のコントラストが強いこの作品ではあえて黒を大胆に使用。
全体がグリーン系の色味で統一されているので、アクセントになって面白そう、と
色柄が様々なねこたちを登場させています。

郵便配達夫ジョセフ・
ルーランの肖像
フィンセント・ファン・ゴッホ
1889年　油彩・画布
オランダ　クレラー・ミュラー美術館

Tony's guidance

ゴッホにやっとできた友人をモデルに

オランダからパリに移り、印象派の作品に接して、自分も明るい色の絵を描こうと作風を変えたゴッホ。またこの時期、日本の浮世絵にも影響を受けています。

その後、さらに明るい光をもとめて南仏のアルルに移住し、画家のポール・ゴーギャンと「黄色い家」で共同生活をスタート。ただゴッホはもともと難しい性格で、

ゴーギャンともぶつかり、彼がアルルの家を飛び出した際には、耳を切る事件を起こして新聞沙汰に。

周囲はおさわがせなゴッホに冷ややかでしたが、そんなゴッホと妙に馬が合ったのが、この絵をはじめとしていくつかの作品のモデルになったジョセフ・ルーランとその家族でした。

愛嬌たっぷりのねこ郵便夫。
こんなポップな自画像、ほしい！

郵便配達夫ジョセフ・ルーニャンの肖像

2022年　4.8cm×3.8cm

MINAMI

豊かな髭が自慢のがっしりしたおじさんねこ。半短毛半長毛という不思議なねこ。
髭は糸を多めにして厚みを出し、もこもこと飛び出して見えるようにしました。
顔や鼻の幅もいつもより広くし、原画のモデルの特徴を生かしています。
背景のポップなカラーと花々が壁紙のような印象だったので、
フラットに見えるように横方向に一定のステッチを重ねました。
小さいながら帽子の〈POSTES〉のロゴにも注目してくださいね。

大きな帽子をかぶった
ジャンヌ・エビュテルヌ

アメデオ・モディリアーニ

1917年　油彩・画布
個人蔵

Tony's guidance

画家としての個性を表現する時代に

　アーモンドのような形の目、長い首、細長い顔や体は
アフリカやオセアニアの民俗彫刻の影響を受けています。
これはもともと彫刻家を目指していたモディリアーニの
描く人物画の特徴。19世紀半ばくらいから写真技術が
登場し、それまでの写実性をもとめる風潮から、画家は

オリジナルな絵画表現を探るようになりました。だから、
あえてこんなに個性的に描いたのですね。

　ジャンヌ・エビュテルヌはモディリアーニのモデルで
内縁の妻。彼の病没後、身ごもっていたにも拘わらず
21歳の若さで後追い自殺し、悲劇的な最期を迎えました。

大きな帽子をかぶった
ニャンヌ・エビュテルヌ
2022年　3.7cm×2.8cm

MINAMI

モディリアーニの絵に特徴的な長い顔や首、瞳孔のない目。
ねこの姿かたちも縦にぐいーんと引き伸ばしてみました。
背景の朱色とグレーの色使いが新鮮ですが、帽子の内側や黒っぽい衣服など、
はっきりした色味の刺繍糸と相性がばつぐん。周りを縁取る黒いアウトラインは、
まず黒で刺繍し、背景の色を被せるように刺して強弱をつけ、にじんだ雰囲気に。
瞳孔のない目のモデルねこが何を思うのか。想像が広がります。

叫び
エドヴァルド・ムンク
1893年　油彩・画布
ノルウェー　オスロ国立美術館

Tony's guidance

意外なところがたくさん見つかる絵

　誰もが知っているムンクの「叫び」。中央の人物は、ムンクが博物館で目にしたペルーのミイラに影響を受けたものといわれています。本人は髪の毛フサフサです。

　なお、この人物は叫んでいるわけではなく、耳をふさいでいます。ムンクの日記によれば、友人2人と歩いていたら空が血のように赤くなり、ぞっとするような果てしない叫びが聞こえたとのこと。統合失調症だったムンクの幻聴だったのでしょう。またここは橋の上ではなくフィヨルドを望むガードレールのある高台。

　変な絵と思われがちですが、画家の精神世界を描いた革新的な作品で、表現主義と呼ばれる美術史的にも重要な絵なんですよ。

叫びとねこ

2023年　4.8cm×4.2cm

MINAMI

空や景色、ねこの立つ場所など、刺繍糸にはなかなかない濁った色味や、
規則的なようでランダムなうねり、うねり同士の境目の色のぼかし加減が難しい！
制作に苦労するわたしの悲痛な叫びが相当うるさかったのか、
ねこの表情も構想を練っていたときにくらべ、だいぶ険しくなりました。
なお、ねこは決して作品に入り込む隙を見逃さないのです。
耳をふさぐねこの後ろのシルエットにもご注目を。

接吻
グスタフ・クリムト
1907~1908年　油彩・画布
オーストリア　ベルヴェデーレ宮殿
オーストリア絵画館

Tony's guidance　門外不出のオーストリアのお宝絵画

　クリムト本人と愛人のエミーレ・フレーゲを描いたとされるウィーン分離派の代表的な作品です。なお、19世紀に活躍したイタリアの画家フランチェスコ・アイエツの《キス》という絵画が元ネタともいわれます。たしかに構図が似ていますね。

　ちなみに、金箔を大胆に使っている点や、2人の衣服

の渦巻きや流水の文様、そして全体的にフラットな作風から、俵屋宗達や尾形光琳といった琳派の影響も受けていると考えられています。

　なお、この絵はオーストリア政府に買い取られていて、ウィーンから出ることはありません。いわば観光大使のような存在ですね。

ねこたちの接吻
2022年　4.7cm×3.1cm

MINAMI

原画の美しくもあまりに複雑な描き込みを糸で表現したい！　と意気込みました。
原画は幾何学模様が特徴的ですが、布と糸だとどうしてもたわみや歪みが出るため、
じつは綺麗な直線の表現はいつでも大きな課題なのです。
ここでも極力厚みを出すことなくフラットに仕上げるため、
最小限の量の糸を選び、なるべくタイトに刺すことが重要でした。
渦や花などの曲線もアウトラインステッチ※で均整の取れた見た目にしています。

※アウトラインステッチ：糸を半目ずつ重ねてライン取りするステッチ

PART 2

アートに溶け込むねこを探そう！

サン=ベルナール峠を
越えるボナパルト

ジャック=ルイ・ダヴィッド

1801年　油彩・画布
フランス　マルメゾン城

Tony's guidance

メガ盛りでイケメンに仕立てたナポレオン

　ヨーロッパ遠征に出かける際のナポレオン・ボナパルトの姿を、ナポレオンお抱えの新古典主義の画家、ジャック=ルイ・ダヴィッドが描いたもの。それも、かなり美化しています。

　まず、戦場に向かうとき、標的になりやすい赤いマントはつけません。さらに、峠を越える際には、白馬では

なくラバに乗っていたそうです。そしてナポレオンは中年のぽっちゃり体形だったとも。リアルな姿に近いのはポール・ドラローシュが描いた絵でしょう。ネットなどで検索し、ぜひ見比べてみてください。なお、絵の左下にはハンニバルやカール大帝と並べてナポレオンの名を記し、偉人と同列に見せています。

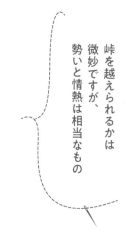

峠を越えられるかは
微妙ですが、
勢いと情熱は相当なもの

サン=ベルナール峠を
越えるボニャパルト

2023年　5.1cm×4.9cm

いけーっという号令が聞こえてきそうな勇ましさですが、乗りこなすのは
真っ白な木馬。前後にゆらゆらゆれるだけで一向に前には進まないけれど、
主従の2匹はとっても楽しそう、という平和な作品です。
パッと開かれた肉球やはためくマントの躍動感は、原画の力強さそのまま。
ミニサイズながら、美しい軍服や木馬の木目などのディテールまで
色の濃淡で丁寧に表現しています。

冨嶽三十六景
神奈川沖浪裏
葛飾北斎

1831〜1833年頃
多色刷・木版画（錦絵）
アメリカ　メトロポリタン美術館ほか

Tony's guidance

海外のアーティストに好かれた作品

富士山がテーマの版画シリーズ《冨嶽三十六景》。36点発表されたあと、好評でのちに10点プラスされました。46点あるなかでもとくに有名なのが、新千円札のデザインに採用される「神奈川沖浪裏」。"The Great Wave"という名で海外でも人気です。

波や輪郭線に多用されている人工顔料のプルシアンブルー（ベロ藍）は北斎の代名詞。「北斎ブルー」とも呼ばれています。

ちなみに、浮世絵は繊細なため人工照明に弱く、多くの美術館が、展示するのは1年間に約1カ月というガイドラインを設けているのです。見られるうちに見ておかなきゃ、ですね。

冨嶽三十六景
神奈川沖ねこ浪裏
2023年　5.4cm×4.5cm

ねこのあくびで大騒動。
この波にのみこまれるのは勘弁勘弁

MINAMI

じーっと原画を見続けていたら、波がねこの横顔に……！　自由気ままなねこが
フワーッと大きなあくびをすれば、こんなにも劇的なシーンが誕生します。
版画ならではの平面性を意識し、大胆な構図を凹凸の出ないステッチで
フラットに仕上げました。ただ、波のアウトラインは少しブレを感じられるよう
粗めに、波頭が砕ける様子はフレンチノットステッチで立体的になど、
細部は繊細に表現することにこだわっています。

落穂拾い
ジャン＝フランソワ・ミレー
1857年　油彩・画布
フランス　オルセー美術館

Tony's guidance

貧しい農民に寄り添った視線がやさしい

農民画家・ミレーの代表作で、バルビゾンに移住して描いた絵です。落穂拾いというのは、農民のなかでも最下層の人たちがする作業。絵の背景を見ると、奥のほうに収穫された麦が積み上げられていますよね。収穫をする際は、地面に少し落穂を残しておき、より貧しい農民が、その落穂を拾って日々の糧としていました。

当時、画題になることが少ない貧しい農民の姿に、ミレーはひたすら寄り添って描いていました。フランスの光景なのに、どこか日本の原風景のようにも感じられるのは僕だけでしょうか。

70

ねこの落穂拾い
2023年　2.6cm×9.4cm

厳しい暮らしの中にも
楽しみを見つけるねこに
元気をもらえる

あ、目が合いましたね？　3匹のねこたちがお得意のねこ背で朝から黙々と労働中。
何を考えながら作業しているのでしょうか。
原画の空気がもつ寂寥感を表現するために、刈り取られ散らばる穂も、
そこに落ちる影も、一針一針繊細に表現しています。
一見暗く見える服には、意外とピンク系・ブルー系・グリーン系が含まれ、
そのグラデーションに驚きながら、楽しんで刺繍しました。

印象・日の出

クロード・モネ

1872年　油彩・画布
フランス
マルモッタン・モネ美術館

Tony's guidance

ぼんやりした光の表現が「印象派」を生む

フランス北西部のル・アーブル港に浮かぶ船のシルエットや水面のさざ波、昇る太陽の反射などが描かれているこの作品。

チューブ入りの絵の具が発明されたことで、屋外で直接絵を描けるようになりました。若きモネやルノワールは、屋外で目にした光をそのまま表現しようとしたので

す。しかし当時は斬新すぎて「ぼやぼやした印象しか感じない」とディスられていました。それがそののち大人気になる「印象派」が生まれるきっかけです。

なおこの絵が描かれたのは1872年11月13日7時35分とか。太陽の位置、潮位、天候から気象予報士が割り出しました。なんとなくリアリティが増しませんか?

72

水面と空が混じり合う時間、
旅路につくねこの未来にエールを

印象・ねこと日の出
2023年　5.7㎝×4.1㎝

MINAMI

小舟に乗ったねこの、ぼうっと浮かび上がるシルエットが寂しげに思えるのは
まさに印象派の原画のイメージに近いからではないでしょうか。
この原画のように規則性のないランダムなタッチを再現するには
「忠実さ」を意識することがかえって邪魔になるようです。
モネの気持ちになってパレットの絵の具をサッサッと軽快にのせるような気持ちで
刺すことが大事だと実感した作品。霧の中で輝く美しい光の反射にもご注目を!

ひまわり
フィンセント・ファン・ゴッホ
1888年　油彩・画布
イギリス　ナショナル・ギャラリー

Tony's guidance

画家仲間への親愛の情をひまわりに込めて

ゴッホは花瓶に活けたひまわりの絵を全部で7点描きました。第二次世界大戦の空襲により日本で焼失した1枚を除き、6枚が現存しています。画像は4枚目。新宿のSOMPO美術館にあるのはその次に描かれたものです。

ゴッホはアルルに画家を呼び、芸術村を作りたいと移住。ところがきてくれたのはゴーギャンだけ。ゴッホは友情の証、とゴーギャンの部屋に飾るため、アルルの太陽やユートピアを象徴するひまわりを描いたのでした。

ゴーギャンはゴッホの絵を評価していましたが、脱サラして金銭的に困っていたため、住む場所を探してアルルにやってきたという現実的な側面も。その後2カ月で、性格の不一致から共同生活は解消となりました。

7枚もあるから、1枚くらいいいでしょ、ってわけにもいかないよ

ねことひまわり
2023年　4.8cm×4.3cm

MINAMI

そ〜っと花瓶に手を伸ばす好奇心旺盛なねこ。でもこれだけはだめだよ。
世界でもっとも高価なひまわりなのだから……!　思わず語りかけたくなるような、
のんびりムードの中に緊張感をはらむ作品に仕上がりました。
花びら一枚一枚にも気を抜かず、ゴッホの筆のタッチを再現しています。
とくに花弁は異なるトーンの黄色をいくつも組み合わせて刺繍。
糸にない色は、糸同士を組み合わせて近い色合いにしています。

夜のカフェテラス
フィンセント・ファン・ゴッホ
1888年　油彩・画布
オランダ　クレラー・ミュラー美術館

Tony's guidance

青と黄色の補色で夜のカフェを華やかに

　ゴッホは浮世絵好きとしても知られますが、とくにこの絵にはその影響が見てとれます。ポイントはずばり夜空の色。西洋絵画で夜の景色が描かれることは少なく、また描いたとしても空は黒で塗りました。対して、浮世絵に見る日本の夜空は藍色が使われています。

　その表現に感化されたゴッホは、この絵ではじめて青で夜空を描きました。そして、これ以降も《星月夜》、《糸杉と星の見える道》など、青を使った夜景を描いているのです。

　なおカフェの客がキリスト、十二使途、十字架に見えるとして、ダ・ヴィンチの《最後の晩餐》へのオマージュという説も。信じるか信じないかはあなた次第です。

オープンカフェで
ちゃっかりくつろぐねこ。
にくめないかわいさです

ねことの夜の
カフェテラス
2023年　3.1cm×5.7cm

MINAMI

あれ？　どこに……いた！　とねこを探す楽しみを味わえる作品になりました。
夜の闇に紛れてしれっと違和感なくカフェの椅子でくつろぐカメラ目線のねこ。
何も注文せず、ただ夜を感じながら座っているといった風情です。
原画のパースを崩さないよう、椅子やテーブルに合わせてねこのサイズを決め、
ねこのポーズに合わせて椅子と床の角度や高さを慎重に調整。
合成しても違和感なく馴染めるように工夫しています。

アルルの寝室ver.2
フィンセント・ファン・ゴッホ
1889年　油彩・画布
アメリカ　シカゴ美術館

Tony's guidance

この絵のver.3が日本に戻る日はやってくるのでしょうか

　ゴッホがゴーギャンと住む黄色い家の寝室を描いたもの。よく見ると、椅子も枕も2つずつあります。同じ部屋で一緒に暮らしたかったのでしょうか?

　なお、この絵に描かれている椅子はゴッホがよく描くおなじみの椅子。《ファン・ゴッホの椅子》と題される作品では、座面にパイプが置かれた椅子が単体で描かれ

ています。

　この絵は《アルルの寝室》、《ファン・ゴッホの寝室》とも呼ばれ3バージョンあります。これは2番目。3番目は戦前、日本の実業家・松方幸次郎のコレクションの一つでしたが、戦後フランスに没収されたまま返還されず、現在ではオルセー美術館の所蔵品となっています。

ねこの寝室
2023年　4cm×5.3cm

寝心地よさそうですが、
そろそろ起きたらどうですか?

もう何も気にせずふかふかのベッドで眠りたい……。
ねこにはいつものことでしょうが。控えめに椅子の上、ではなく
ベッドで掛布団までかけて寝ているねこのちゃっかりした気質を表しています。
タッチや色の再現性はもちろん、足元から頭にかけてパースや、
ベッドのヘッドレストの板目の線の歪み、床の色まで意識して、
原画にしっくりと溶け込めるように工夫しています。

星月夜
フィンセント・ファン・ゴッホ
1889年　油彩・画布
アメリカ　ニューヨーク近代美術館

Tony's guidance

幻想的な夜空もゴッホにはこう見えていた

ゴッホが精神病院に入院している間に描いた、晩年の代表作のひとつ。ゴッホというと、絵の具を厚塗りする印象がありますが、これはフランスの画家アドルフ・モンティセリの影響。ゴッホ自身、彼の大胆な筆致を意識していると語っています。

うねって渦を巻くような空から空想的な印象を受けま

すが、ゴッホは見たものを見たようにしか描けない人。精神を病んでいた彼には、星空がこんなふうに見えたのかもしれません。

画面左の黒々とした糸杉は、この頃の作品によく題材として使われ、死の象徴とされています。なお右上の月は満月と勘違いしがちですが、よく見ると三日月ですよ。

街の明かりを見下ろしながら、
ねこ杉は何を思うやら……

ねこ杉と星月夜
2022年　3.7cm×5cm

黒々とした影が印象的な原画の「糸杉」が「ねこ杉」に!?
明るく夜を照らす月の下で静かに浮かび上がる大きなシルエットのねこ杉は、
優しく眼下の街並みを見守っているようです。
ゴッホの力強く荒々しいタッチを、糸のラフな質感を出すように刺してみました。
刺繍という手法が絶妙にマッチした作品になっていると思いませんか?
幅が5センチと小ぶりですが、迫力と広がりを感じさせる仕上がりに大満足です。

睡蓮
クロード・モネ
1906年　油彩・画布
アメリカ　シカゴ美術館

Tony's guidance

一枚の絵に3つの軸と広がりを見せるテク

モネはその生涯で300点にわたる睡蓮の絵を描きました。光を描きたかったモネは、ジヴェルニーの自宅の庭で、同じ睡蓮の池をモチーフに様々な光の表情を描き分けたのです。

ただ睡蓮の池を描いただけのシンプルな作品に思えますが、画面には3つの軸が見てとれます。まずは水面。

画面の手前から奥に向かって、奥行きが表現されています。次に注目したいのは水面に透ける水草。つまり、池の深さが表現されています。さらに水面の奥に映っているのは、画面の外にある木々の影。写真のように意図的にトリミングしていることも含めて、じつはかなり実験的で複雑な絵画なのです。

ねこと睡蓮のドレス
2023年　4.4cm×3.6cm

MINAMI

ねこのドレスをキャンバスに見立て、睡蓮が咲く水面を刺繍。
池の傍にたたずんでのんびり水面を眺めているような風情です。
原画のタッチに似せ、水面のゆらぎを糸を流れるように刺して表現しました。
睡蓮の色のグラデーションや水面への映り込みの靄がかかったような風景も
濃い色に一番淡い色を重ね、中間の色で糸と糸の間を割るように刺し、
境目をぼかすことでうまく表現できたと思いますが、いかがでしょう?

いちご泥棒

ウィリアム・モリス

1883年
木版色刷　インディゴ抜染・木綿
モリス商会

Tony's guidance

生活のなかにアートを取り込む楽しさが

　ヴィクトリア朝時代、産業革命の影響で安価なものが大量生産される風潮に対して、暮らしのなかに「手仕事の美」を取り込む「アーツ・アンド・クラフツ運動」を提唱したのがイギリスのデザイナーであり思想家のウィリアム・モリスです。

　この柄は、そんなモリスがデザインしたなかで断トツ人気のもの。イギリスの湖水地方で、庭のいちごをついばんでしまうツグミかムクドリがモチーフになっているのですが、リアリティのある絵柄としての面白さが感じられますね。

　なおこの柄のファブリックは、東京・駒場にある旧前田家本邸の食堂のカーテンにも使われていますよ。

保護色に身を包み、
ねらっているのは鳥?
それともいちご?

ねこといちご泥棒
2023年　4.5cm×2.7cm

突如現れた新種のねこ。当初はテキスタイル柄らしくねこの洋服にするつもりが、
どうせなら全身この柄にしてみようと発想を新たに制作したところ、
なんとも斬新なスタイルに!
縦4.4センチと小さいなかに、繊細で細かい柄をたっぷりと詰め込みました。
このままテキスタイルに溶け込めるくらい忠実に刺繍しています。
いちご泥棒の鳥をひそかに見つめる妖しく光る緑のキャッツアイ、わかりますか?

PART 3

日本画にもねこ発見！

見返り美人図
菱川師宣
17世紀　絹本着色
日本　東京国立博物館

Tony's guidance

切手やCMに引っ張りだこの美人画

江戸時代前期、現在の千葉県鋸南町出身で、浮世絵の祖とされる菱川師宣の代表作。紙より保存がきく絹地に、絵の具と筆で直接描かれた肉筆浮世絵で、一般的な浮世絵版画ではないんですね。これは掛け軸仕様になっているんです。

玉結びに吹前髪でアレンジ、緋色に花柄の着物に、帯も流行していた吉弥結びに。描かれている女性のヘアスタイルやファッションは当時の最新かつ贅沢なもの。庶民ではなく、裕福な商家の娘と思われます。

この美人画は大変人気で、戦後はじめての切手趣味週間の記念切手の図柄になったり、最近でもCMのモチーフとなったりしています。

振袖の袂に入っているのは
ドライささみとねこじゃらしかな？

見返り美ねこ図
2023年　4.9cm×3.2cm

MINAMI

たっぷりとした黒髪が美しいハチワレねこがふっと振り返ったその姿。
お嬢さん、というより妖艶な美ねこになったのは予想外でした。
着物なので厚みを抑え、柄を刺繍してから赤色を入れ、再現性を高めています。
絞りは全体のバランスを見ながら最後に入れて。
着物の刺繍はありますが、刺繍された着物を刺繍するという面白い試み。
しっぽ用の穴まで開けた鮮やかな着物は、ねこ界の流行最先端間違いなしです。

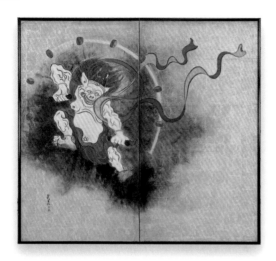

風神雷神図屏風
尾形光琳
18世紀　紙本金地着色　重文
日本　東京国立博物館

Tony's guidance

観音様のボディガードをフィーチャー

風袋から風を起こし風雨をもたらす風神、太鼓をたたいて雷と稲妻を起こす雷神は、いずれも千手観音の眷属。

この絵は尾形光琳のもので、京都・建仁寺にある俵屋宗達の国宝《風神雷神図屏風》をトレースして描いたものといわれています。光琳は100年近く前に活躍した宗達を私淑、つまり個人的にリスペクトしていました。

琳派の祖とされる宗達は本阿弥光悦のプロデュースにより数々の名作を生みました。

ひょうきんな神様のまわりに漂う墨雲は、琳派の絵師がよく使う「たらしこみ」という技法が用いられています。水を垂らしたところに墨を入れて自然に広げるこの技法。絵に深みを与えていますね。

かわいいねこ神さまから、
おへそを守れ!!

風神ねこ 雷神ねこ
2022年
風神 3.9cm×4.4cm／
雷神 3.7cm×5cm

MINAMI

俵屋宗達の風神雷神図をベースに、力強い雷神ねこのどっしりとしたさま、
飄々とした風神ねこの軽やかなさまを表現しました。
躍動感あふれる糸の動きを味わっていただきたい作品です。
屏風の後ろからこのねこたちがパッと現れたらついクスッと笑ってしまいそうでしょ。
でもねこ界では恐れられている存在かも。太鼓に風袋と威風堂々たる姿ながら、
ポッコリ出っ張ったお腹とかわいらしいおへそにも注目です。

ポッピンを吹く娘
喜多川歌麿
18世紀　多色刷・木版画（錦絵）
日本・東京国立博物館

Tony's guidance

三拍子そろった職人技のクオリティがスゴイ

ポッピンはビードロとも呼ばれる海外のガラスのおもちゃ。この絵は喜多川歌麿の《婦女人相十品》シリーズのなかの一枚です。

歌麿はバストアップを描いた美人大首絵が人気で、とくに髪の生え際の表現の繊細さに定評があります。これ

ほど細い線を何本も筆で描くのも大変でしょうが、これは浮世絵。版画作品です。つまり、髪の毛の部分を残して版木を彫っているのです。さらに、女性が着る市松模様のグラデーションも見事。浮世絵は絵師と彫師、摺師の力が合わさった総合芸術なのです。

ポッピン♪ ポッピン♪
とあの音が聞こえてきそうな躍動感

ポッピンを吹くねこ
2022年 4.5cm×3.8cm

ねこがポッピンを吹く軽やかな音が聞こえてきそうではないですか?
さっと翻る振袖が作品に広がりや勢いを生み出しています。
振袖の動きにあわせて変形する市松模様を刺す一針一針が緊張の連続でした。
うまく躍動感を表現することができたのでは、と思っています。
チャームポイントは頭にちょこんとのせたリボン。
おしゃれな美ねこ娘さん、かんざし、どうやってつけているのでしょうね。

三世大谷鬼次の奴江戸兵衛
東洲斎写楽
1794年　多色刷・木版画（大判錦絵）
日本　東京国立博物館　重文

Tony's guidance

役者からは総スカンを食らうも大人気に

　150点近いすべての作品が1年弱の間に発表され、人気を博したのに忽然と姿を消した東洲斎写楽。

　この鬼次の絵のように、役者の顔の特徴をデフォルメした斬新な表現で注目を集めました。絵の背景に使われているのは雲母刷。キラキラシールのようなものです。雲母を砕いたゴージャスな仕様であるため、無名の新人

の作品に使われるのは異例中の異例。そのため、写楽はじつはすでに人気だった絵師の別名義なのでは？　と考えられてきました（最近では、能役者の斎藤十郎兵衛とする説が有力です）。

　なおこの画風、当の役者たちの意には沿わなかったようなのです。

「ねこや!」
「待ってました!!」と
大向こうから聞こえてきそう

三世大谷おニャ次の奴江戸兵衛
2023年 3.8㎝×3.2㎝

ヨッ! さすが役者のポスター。隈取もしっかりきまっています。
こだわりはキリリと引き締まった目元とキュッと結んだ口元。
にらみを利かせる役者の迫力を伝えていますよ。
ぱっと開いた肉球にも注目を。血色があがり、力みが見てとれるはず。
よーく見ると羽織の紋にねこの鳴き声の「に」の文字が。髷もかわいく再現。
原画の殺気立つ雰囲気はないまでも、ねこ刺繍の中ではかなり気が強そうです。

無我
横山大観
1897年 絹本着色
日本 東京国立博物館

Tony's guidance

富士山の絵で知られる大観29歳のときの作品

横山大観は東京美術学校、つまり今の東京芸大の1期生。これは彼がまだ若い時代に描いた絵で、当時はいわゆる「日本画」というスタイルが整い始めたころです。

この絵は禅の教えである無の境地を擬人化したものとされています。それが無垢なる子供の姿として表現され

ました。実際の友人の子供時代の姿を想像して描かれたとされていますが、この概念を描くという行為は、写真には撮れないものを表現するという当時の日本では新しい試みでした。富士山の印象が強い横山大観の絵画としてはとても特殊な作品です。

無垢な童と無垢なねこ。
どこか心ひかれる存在ですね

無我のねこ
2022年 4.7cm×3.6cm

MINAMI

横山大観といえば富士山ですが、こんな素朴なモチーフもあると驚きました。
この童子は、何も考えずただ立ち尽くし、口元も緩んでいる。
まさに「無我」の境地、そのものではないでしょうか。
このひなびた色使いはほかの作品には見られないものなので、とても新鮮でした。
差し色の空色も効いています。悟りの境地を無垢な子ねこに見出すこの作品。
力みのない自然体はまさにねこそのもの。小さなちょんまげがチャームポイントです。

麗子微笑
岸田劉生
1921年　油彩・画布
日本　東京国立博物館　重文

Tony's guidance

娘の内面から出てくる姿を肖像画として描きだす

岸田劉生は当初、セザンヌなどの影響を受けて風景や静物を描いていましたが、のちに北方ルネッサンスの画家・デューラーの影響を受け、肖像画を多く描くように。自画像に飽き足らず友人知人に誰かれ構わずモデルを頼むことから劉生の「首切り」とか「千人切り」と揶揄されたほど。麗子が生まれてからは、彼女の肖像画を多く描いています。気が進まない麗子を近所の少女と並べ、その気にさせて描いたことも。

彼が目指したのは「デロリの美」。内面からにじみ出る濃厚でグロテスクながら、どこかひきつけられる美意識を彼なりに表した言葉です。この絵も相当デロリとしていると思いませんか？

かつてどの家にも1枚はあった模様編み。時代を感じさせます

ね子微笑
2022年 4㎝×3.5㎝

MINAMI

独特の表情が印象的な原画ですが、刺繍の題材として改めて観察すると、
着物やポンチョの色柄のとてもおしゃれでかわいい組み合わせに驚きました。
とくにポンチョは編み物を絵画にしているので、刺繍に落とし込むのに無理がなく、
まさに毛糸の編み込み模様という体になりました。
この絵のもうひとつの特徴、おかっぱ頭にはサテン糸を使い艶やかに。
ねこは口角をあげて、ふっと微笑しています。

仕事場、
そして愛用の道具たち

刺繍に必要な物はシンプルです。刺繍枠、刺繍針、刺繍糸、下描き用のペン、布、はさみさえあれば始めることができます。作業にも大きなスペースは必要とせず、わたし自身始めたばかりの頃は45cm四方の机の前に正座をして作業していました。とにかく始めてみて、そこから自分の刺繍には何がどういう形で必要かということを考えていきました。

まず刺繍糸が増えたのでデスクのスペースを広げ、色を選びながら作業できるようすぐに手が届く位置におきました。布や下描きシートは大きなサイズのものをあらかじめ使うサイズにカットし、すぐに刺繍に取り掛かれるようにしています。指先にかなりの力を籠めるため針と指カバーの消耗がもっとも激しく、早いスパンでの取り換えが必要です。刺繍枠やはさみは長く使えるものなので、手にしっくり馴染むものを使用しています。

いずれも一日のそしてこれからの人生の大半を共に過ごす大切な仲間達です。

作品の色彩に集中できるよう白系でまとめ、手元に影ができないようライトは2方向に。下描きの作成と刺繍中の原画の確認のため、モニターを2台配置しています。

下描きには一定の温度でインクが見えなくなるものを使用し、刺繍中に描き加えや修正点があれば手芸用のペンで印をつけています。

下描きには粘着式の水に溶けるシート（写真上）を使用しています。布は耐久性と針通りのバランスを考えた中厚手の綿麻です。刺繍枠は枠の幅が広くしっかりと布を固定できるものを。

針は固い糸の層の中を抜き刺しするため曲がったり折れたりすることがよくあります。指カバーは滑り止めに必須のアイテム。目打ちはやり直しの際、糸をほどくために使用します。先が鋭いはさみは狙った糸を切ることができます。

刺繍糸は基本的には綿のものを使いますが、サテン糸や金糸、銀糸などで視覚効果を高めることもあります。メーカーにより発色や光沢の加減、質感などが違うので、そのとき表現したいものに合うと考えた糸をボックスの中から直感的に選び、実際に試していきます。稀に全く思いもよらなかった色が求めていたものだったということもあります。

自分なりの解釈でおおまかに色分けし、積み重ねて収納しています。

使用した色や制作上のポイント、修正点など様々なことを作りながらメモしていきます。机の上が糸でいっぱいになるので、色番号はとくに混同しないよう注意しています。

PART 4

Hint! をもとにアートを見つけて!

Hint!

原画は人体比率を表したレオナルド・ダ・ヴィンチによるドローイング。人間の場合はへそを中心に円を描くと指先とつま先が円に内接するけれど、さてねこの場合は……!?

MINAMI

線画、とくに幾何学模様の再現はそのラインの美しさや正確性が命。少しでも歪んだらやり直しの、一見緩そうでいて気の張る作品です。

2022年　5cm×3.4cm

MINAMI

1510年ごろ、紙に赤いチョークで描かれた
有名な自画像。ですがモデルは別のひととい
う説も。劣化を危惧し、ほとんど公開されな
い幻の一葉。

紙に描かれたものが経年で変色した
ような質感を出せるよう、見た目よ
りたくさんの色を使っています。線
画の細さがポイントです。

2022年　5 cm×3.4 cm

Hint!

四季を題材にした四部作のひとつ。ミラノ出身の画家がさる王様にささげたシリーズ。花をちりばめた胸像はじつは女性とされています。

MINAMI

多種多様な美しい花々を生き生きと刺繍しました。衣服の葉は刺し方を変えてリアルな質感を出しています。ねこの髭も草になっていますよ。

2021年　5.1cm×4.5cm

Hint!

左の絵の別バージョンです。頭にはぶどうやカボチャなど秋の恵みが。なお、ぶどうと樽の組み合わせは、酒の神・バッカスを連想させるとも。

ねこが樽の中で農作物に紛れていますね。ぶどうの実一粒一粒をポコポコと立体的になるよう刺繍しました。樽の木の色味や質感も見所です。

2021年　4.6㎝×4.1㎝

Hint!

ねこの口にご注目。片や口を開き、片や口元を結んでいます。そう、別名「阿吽」と呼ばれることもある立像。修学旅行でおなじみですよね。

あえて糸目はそろえずに、ザクザクと荒々しく刺した、どん! と大迫力の作品。気合の入った表情や力のこもった肉球が勇ましいです。

2022年 阿形 4.6 cm×2.2 cm
　　　 吽形 　5 cm×2.2 cm

すべてを包み込む穏やかな表情にどっしりとした体。ドレープの流れや緑青（ろくしょう）をしっかり再現しました。螺髪（らほつ）や白毫（びゃくごう）もステッチを変えて立体的に。

2023年　3.6㎝×3.3㎝

微妙に異なる三面の表情や、色あせた質感に注目です。ずんぐり小さくなっているため、無理のない形で腕や頭の位置を合わせるのに苦労しました。

2023年　5.8㎝×4㎝

Hint!

浮世絵師・葛飾北斎の、別名「赤富士」とも呼ばれている「冨嶽三十六景」のうちの一図。晩夏から初秋にこんな富士山が見られたらラッキー！

MINAMI

これは山か、はたまた……？ 鮮やかな雲や堂々とした山の美しいグラデーションを均一な糸運びで表現しました。ねこの表情も輝いています。

2023年　4.4㎝×3.2㎝

Hint!

幕末から明治にかけて多くの浮世絵や日本画
を残した河鍋暁斎の妖怪シリーズのひとつ。
不気味さとコミカルさが共存する作品です。

MINAMI

線をなめらかにそろえた美しい背景
から、突如ガサッと飛び出す大きな
ねこの勢いが伝わるように心がけま
した。ねこたちのコミカルな表情に
注目です。

2022年　4.4㎝×13㎝

Hint!

美しい青のグラデーションと、左側からさす
光。ここまで見てきたあなたなら、もう想像
はつくはず。そのまんまやな〜、というタイ
トルです。

思わず口が開きしっぽがゆれてしま
うくらい熱心に手紙を読んでいます。
衣服の質感や陰影で、ねこだけでも
柔らかな光を感じられます。

2022年　3.9㎝×2.7㎝

108

Hint!

1670〜1671年にかけて描かれた絵。刺繍から、陰影へのこだわりが見えます。そしてこの作品は2回も盗難にあったという受難の絵なのです。

2匹のねこはそれぞれ思いを巡らせているようです。衣服から調度品までとても美しく正確に表現できました。耳飾りも輝いています。

2023年　4.8cm×5.2cm

Hint!

ゴッホが1887年に描いた、画材屋であり画商の肖像画。ジャポニズムの影響を受けた様子が、背景に描かれた浮世絵からうかがい知れます。

MINAMI

背後の浮世絵や、服のタッチまで正確に刺繍しています。がっしりした手や大きな鼻が、描かれているねこのことを語ってくれるようです。

2022年　5.3cm×3.6cm

> **Hint!**
>
> 耳にご注目ください。片耳は見えず、包帯で
> 覆われています。特徴的なパイプ、焦点が定
> まらないうつろな目など、ヒントだらけでは
> ないですか?

MINAMI

何を考えているのか、様々な感情を
想像させる絵です。何色も混ざった
鮮やかなカラーや、独特の強いタッ
チもしっかり再現しました。

2021年　4cm×3.8cm

Hint!

1876年、モネにより描かれた
ジャポニズムの影響を受けた作
品。モデルは最初の妻、カミー
ユ。扇子にはフランス国旗の色
があしらわれていますよ。

MINAMI

着物の色柄の鮮やかさや重量感に
ご注目。金糸を用いて豪華に仕上げ
ています。団扇の柄も一つ一つ違い、
畳も刺し方を変え質感を出しました。

2022年　5.3㎝×3.9㎝

これまでたくさんのねこと名画の刺繍をしてきましたが、作りたい作品はまだまだたくさんあります。あの絵にはどんなふうにねこが入ってくれるかな？　と考えているときのわくわく、そしていざ刺し始めて名画が手で触れられる存在になった瞬間の感動は、何度経験しても尽きることはありません。この本を制作する中でわたし自身名画について新たに学び直すことができ、今後はより名画のストーリーや見所を意識した作品作りができると考えています。ねこ達もまた新しい表情を見せてくれるかもしれませんね！

　この本をきっかけに、作品と資料や実物を見比べて美術鑑賞を楽しんでいただけたら、また刺繍自体の「美術作品」としての可能性を知っていただけたなら、制作者として何よりも嬉しいことです。最後になりましたが、アートに楽しい解説をつけてくださったとに〜さん、この本の制作にご尽力くださった皆様、そしていつも作品を楽しみに見てくださっている皆様、この本を手に取ってくださった皆様へ心よりお礼申し上げます。

著者 MINAMI

刺繍作家。福島県出身。
両親の影響で幼い頃より歴史や美術に興味を持ち、大学では西洋中世史を専攻。装飾写本
について研究。歴史的な芸術作品の奥深さに感銘を受ける。2021年より大好きな「ねこ」
と「美術」を融合させた刺繍作品の制作を開始。絵画が絵の具を重ねるように、糸を重ね
ることで色彩や筆致を細部まで表現することにこだわり、cat_embroidery_museumの名
前でインスタグラムに投稿。作品の愛らしさと精緻さがフォロワーに人気を博す。
https://www.instagram.com/cat_embroidery_museum

※本書はインスタグラムの投稿に、新たな原稿を加えて再構成しています。

美術解説 アートテラー・とに～

元吉本興業のお笑い芸人。千葉県出身。
2008年より「アートテラー」を名乗り、美術解説、アートイベントなどで活動を本格化。
美術の知識はもちろんアーティストの背景にも及ぶ幅広い知識を、お笑い芸人時代に培っ
たトークの技術でわかりやすく面白く伝える。現在は美術館での講演やアーツツアーの企
画、テレビやラジオ番組への出演、雑誌の連載など、幅広く活躍中。
著書に『名画たちのホンネ』(三笠書房)、『東京のレトロ美術館』(エクスナレッジ)等。
公式ブログ：アートテラー・とに～の【ここにしかない美術室】
https://ameblo.jp/artony/

ねこの名画案内

2024年2月2日　第一刷発行

発行人　鈴木善行
発行所　株式会社オレンジページ
　　　　〒108-8357　東京都港区三田1-4-28 三田国際ビル
　　　　電話 03-3456 6672（ご意見ダイヤル）
　　　　　　 03-3456-6676（販売 書店専用ダイヤル）
　　　　　　 0120-580799（販売 読者注文ダイヤル）

印刷・製本　株式会社シナノ
Printed in Japan

©ORANGE PAGE

画像提供
笛を吹く少年、大きな帽子をかぶったジャンヌ・エビュテルヌ、印象・
日の出／Album／Cynet Photo　エトワール、ひまわり／AGE／Cynet
Photo　イレーヌ・カーン・ダンヴェール嬢／Alamy／Cynet Photo　見
返り美人図、風神雷神図屏風、ポッピンを吹く娘、三世大谷鬼次の奴江
戸兵衛、無我、麗子微笑／ColBase (https://colbase.nich.go.jp/)

著者　MINAMI
美術解説　アートテラー・とに～
装丁　浜田純子
編集　原田百合子